원리부터 **파악**하는

공감영어
최빈출 영단어

Jane Sim
편저

▿ **계리직**을 비롯한 **각종 시험 영어 단어장 학습**
▿ 어근탐구, 어원과 풀이, 유의어와 반의어, 관련어까지
▿ 영단어 이해부터 원리파악, 암기까지 한권으로 최적화

Preface (서문)

어떻게 하면 단어를 더 잘, 더 쉽게 외우고 더 오래 기억할 수 있을까?

여러분은 어떤 방법으로 어휘를 암기하고 있습니까? 그 방법은 얼마나 효율적인가요?

영어를 공부하는 학습자에게 영단어는 가장 기본적이고 중요한 자원입니다. 이 자원을 유지하는 것이 다음 단계의 학습으로 나아갈 수 있는 주춧돌이 된다는 것은 모두 잘 알고 있을 것입니다.

그러나 영단어를 암기하는 데 아무리 긴 시간과 큰 노력을 들인다 한들 필요한 순간에 꺼내 활용할 수 없다면 마치 파도 앞에 모래성을 쌓은 듯 허탈하게 느껴질 것입니다.

지난 수백 년간 언어학자들은 외국어 습득의 원리와 효율적 학습방법을 연구해 왔습니다. 그 결과, 그들은 모두 공통적 결론에 도달하게 되었습니다. 바로 '이해'를 통해서만 어휘를 '습득'할 수 있다는 것이죠.

일반적으로 우리가 어휘를 암기할 때 사용하는 '반복'의 과정보다, 더 효율적이며 더 강력한 언어의 도구로써 제시된 어휘 암기의 열쇠는 바로 '원리의 이해'였습니다.

그러나 많은 사람들이 아직도 언어의 원리를 이해하기보다는 무작정 따라 읽고, 따라 쓰면서 억지로 반복해서 머릿속에 새겨야 한다고 믿고 있습니다. 반복을 통한 습득은 지속기간이 매우 짧으며 실전에 응용하기 어렵다는 치명적 단점이 있는데도 말입니다.

예를 들어 국가고시에 출제된 candent^{백열의}라는 단어를 암기한다고 생각해봅시다. 어떤 사람은 종이에 반복해서 쓰면서, 어떤 사람은 반복해 소리 내 읽으면서 암기할 것이고, 때때로 단어장을 만들거나 스스로 시험을 보면서 암기할 것입니다. 그렇게 다 외웠다고 생각하는 순간으로부터 며칠 혹은 몇 달이 지나고 candent라는 단어를 봤을 때 과연 즉각 그 의미를 떠올릴 수 있을까요? (실제 기억력 연구에서는 한 달만 지나도 정답을 떠올릴 확률이 4% 이하로 떨어집니다.) 비슷한 형태인 candid가 출제된다면 그 뜻을 유추할 수 있을까요?

그럼 무작정 암기하는 대신 '원리의 이해를 통한 학습'을 하면 어떨지 비교해 봅시다. candent의 어근 cand는 '빛내다 to shine'의 의미입니다. 따라서 cand-가 들어가는 영단어는 모두 '빛, 밝은 것, 밝히는 것'과 연관된 뜻을 갖습니다. candle^{양초}은 '빛'을 나타내는 어근 cand-에 명사 접미어를 붙인 것입니다. -ent는 형용사 접미어이므로 candent는 '빛나는, 백열의'가 된 것입니다. candidate^{후보자}는 형용사 candid에 사람 또는 상태를 나타내는 명사 접미어 -ate를 붙인 것으로 본래 '밝게 빛나는 사람'을 뜻하여 중요한 직책이나 책임을 가질 자격을 논할 수 있는 사람을 의미하게 되었습니다. 그렇다면 candid는 어떤 의미일까요? candle, candidate에서도 알 수 있는 '밝은' 것이고, candid하게 말하는 것은 '밝혀 말하는 또는 솔직하게 말하는' 것이며 candid한 사람은 '숨기지 않고 밝히는 또는 공정한 판단을 하는' 사람입니다.

원리를 통해 학습하는 것은 어휘를 가장 확실하게 암기하고, 배우지 않은 단어까지도 유추할 수 있게 만드는 강력한 학습 도구입니다. 그리고 이 책은 원리를 통해 영단어를 보다 효율적으로 학습하고자 하는 분들을 위해 만들어졌습니다.

이 책에서는 시험에 가장 많이 출제되는 [최빈출 기본 영단어]와 [유/반의어]를 함께 실어 학습 효율을 높였으며, 그 중에서도 모든 영역에서 출제된 단어는 '68' 표시를 하여 구분했습니다. 또, 비슷한 어근끼리 주제별로 묶어 효과적인 암기를 할 수 있도록 도왔습니다.

이 책을 가장 효율적으로 활용하고자 하신다면 앞부분부터 주제별 기본단어와 어근 풀이를 '천천히' 읽고, 어근의 '내용을 곱씹으며 이해'하신 후, 예문과 유/반의어 학습을 통해 내용을 확실히 새긴 다음 마지막으로 홈페이지에서 제공되는 연관 자료 학습에도 도전해보면서 이해와 동시에 머릿속에 암기 지도를 그려 보시기 바랍니다. 유상통 수강생은 홈페이지와 공감영어 카페를 통해 제공되는 어휘 문제를 통해 '지식을 활용하고 점검'하는 기회도 가질 수 있습니다.

때로는 느리고 힘들지라도, 제가 의도한 대로 끈기 있게 학습하신다면, 이 책과 강의가 끝난 후 여러분의 영어 기반은 훨씬 더 단단해져 있을 것이고, 스스로 더 많은 어휘와 독해를 향상할 힘을 얻을 것이며, 이로 인해 여러분의 삶은 더 긍정적으로 변하게 될 것입니다.

저자 Jane Sim

Preliminary Study (사전 학습)

영단어는 단어의 방향성을 알려주는 '접두사'에 기본 '어근'과 품사를 알려주는 '접미사'가 조합해 이뤄진다. 이 간단한 구조를 파악할 수 있다면 어떤 단어를 봐도 그 의미를 쉽게 유추할 수 있게 된다. 만약 단어의 접두사와 접미사를 정리해본 적이 없다면 이 부분을 먼저 학습해서 영단어의 기본 구조를 익히는 것이 단어 학습에 큰 도움이 될 것이다.

[시작하기 전에 알아둘 최빈출 '접두사' 리스트]

1. 기본형 접두사

접두사	의미	예시 단어	예문과 해석
un-	~이 아닌, 반대	unhappy 불행한	The customer was **unhappy** with the delay. 고객은 지연에 불만을 가졌다.
in-/im-/il-/ir-	~이 아닌	illegal 불법의, irregular 불규칙한	The contract was **invalid**. 그 계약은 무효였다.
dis-	~이 아닌, 반대, 분리	disagree 동의하지 않다, disconnect 연결을 끊다	The service was **discontinued**. 서비스가 중단되었다.
non-	~이 아닌	nonprofit 비영리의	They work for a **nonprofit** group. 그들은 비영리 단체에서 일한다.
mis-	잘못된, 나쁘게	misunderstand 오해하다, misuse 오용하다	She **misunderstood** the rules. 그녀는 규칙을 오해했다.
re-	다시, 뒤로	rewrite 다시 쓰다, return 돌아오다	The letter was **rewritten**. 편지가 다시 쓰였다.
pre-	미리, 이전의	prepay 선불하다, preview 미리 보기	Customers must **prepay** postage. 고객은 우편 요금을 선불해야 한다.
post-	뒤, 이후	postpone 연기하다, postgraduate 대학원생	The meeting was **postponed**. 회의가 연기되었다.
sub-	아래에	subway 지하철, subconscious 잠재의식의	He opened a **subaccount**. 그는 하위 계좌를 개설했다.
super-/sur-	위에, 뛰어난	supermarket 슈퍼마켓, surpass 능가하다	The result **surpassed** expectations. 그 결과는 기대를 능가했다.
inter-	사이에, 서로	international 국제적인, interact 상호 작용하다	They signed an treaty. 그들은 국제 조약에 서명했다.
trans-	가로질러, 넘어	transport 운송하다, transfer 옮기다	He requested a **transfer** of funds. 그는 자금 이체를 요청했다.

접두사	의미	예시 단어	예문과 해석
over-	위에, 지나치게	overcharge 과다 청구하다, overlook 간과하다	They **overcharged** the customer. 그들은 고객에게 과다 청구했다.
under-	아래에, 부족한	underestimate 과소평가하다	They **underestimated** the risk. 그들은 위험을 과소평가했다.
de-	아래로, 반대로	decline 감소하다, decode 해독하다	Postal use has **declined**. 우편 사용량이 감소했다.
ex-	밖으로, 이전의	export 수출하다, ex-president 전직 대통령	The company began to **export** goods. 회사는 상품을 수출하기 시작했다.
anti-	반대하는	antiwar 반전의, antibiotic 항생제	They signed an **anti-fraud** agreement. 그들은 반사기 협정을 체결했다.

2. 확장형 접두사

접두사	의미	예시 단어	예문과 해석
fore-	앞, 미리	forecast 예측하다	The agency **forecasted** heavy rain. 기관은 폭우를 예측했다.
circum-	둘레, 주위	circumference 둘레	He measured the tree's **circumference**. 그는 나무의 둘레를 측정했다.
peri-	둘레, 주위	perimeter 주변	Guards patrol the **perimeter** of the building. 경비원들이 건물 주변을 순찰했다.
poly-	많은	polygon 다각형, polyglot 다언어 사용자	She is a **polyglot**. 그녀는 여러 언어를 구사한다.
omni-	모든	omnipotent 전능한	The king was considered **omnipotent**. 왕은 전능한 존재로 여겨졌다.
pan-	모든, 전부	pandemic 세계적 유행병	The **pandemic** affected the economy. 팬데믹이 경제에 영향을 주었다.

Preliminary Study (사전 학습)

3. 학술형 접두사

접두사	의미	예시 단어	예문과 해석
hypo-	아래의, 부족한	hypodermic 피하의	A **hypodermic** injection was given. 피하 주사가 투여되었다.
hyper-	위의, 지나친	hyperactive 과잉 활동적인	The child is very **hyperactive**. 그 아이는 과잉 활동적이다.
meta-	넘어선, 변화하는	metaphor 은유, metabolism 대사	**Metaphors** are common in literature. 은유는 문학에서 흔하다.
iso-	같은	isometric 등척의	**Engineers** used isometric drawings. 기술자들은 등척 도면을 사용했다.
homo-	같은	homogeneous 동질의	The group was **homogeneous**. 그 집단은 동질적이었다.
hetero-	다른	heterogeneous 이질적인	The team was **heterogeneous**. 그 팀은 이질적이었다.
neo-	새로운	neoclassic 신고전주의의	The hall was built in a **neoclassical** style. 그 강당은 신고전주의 양식으로 지어졌다.
pseudo-	거짓의	pseudonym 가명	He wrote under a **pseudonym**. 그는 가명으로 글을 썼다.
tele-	멀리	telephone 전화	They talked on the **telephone**. 그들은 전화로 대화했다.
auto-	자기, 스스로	autograph 자필 서명, automatic 자동의	The machine works **automatically**. 그 기계는 자동으로 작동한다.
micro-	작은	microscope 현미경	They used a **microscope**. 그들은 현미경을 사용했다.
macro-	큰	macroeconomics 거시경제학	He studied **macroeconomics**. 그는 거시경제학을 공부했다.

[시작하기 전에 알아둘 최빈출 '접미사' 리스트]

1. [명사]를 만드는 접미사

접두사	의미	예시 단어	예문과 해석
-or / -er	~하는 사람	teacher 교사, driver 운전사, actor 배우	The **driver** delivered the registered parcel. 운전사는 등기 소포를 배달했다.
-ee	~당하는 사람	employee 직원, trainee 훈련생, addressee 수신인	Each **employee** must follow postal regulations. 모든 직원은 우편 규정을 따라야 한다.
-ant / -ent	~하는 사람	applicant 지원자, resident 거주자, student 학생	The **applicant** filled out the insurance form. 지원자는 보험 신청서를 작성했다.
-ist	전문가, 신념을 가진 사람	artist 예술가, economist 경제학자, capitalist 자본가	The **economist** explained postal banking reforms. 경제학자는 우편 금융 개혁을 설명했다.
-ian / -ician	전문가	librarian 사서, musician 음악가, physician 의사	The **librarian** updated the catalog. 사서는 목록을 업데이트했다.
-ive	사람·대상	captive 포로, relative 친척	The **captive** was released after negotiations. 포로는 협상 후 풀려났다.
-ary	사람	secretary 비서, missionary 선교사	The **secretary** arranged the meeting. 비서는 회의를 준비했다.
-ory	장소, 사물	dormitory 기숙사, laboratory 실험실, directory 명부	The new **laboratory** tested the paper quality. 새 실험실은 종이 품질을 시험했다.
-ary	장소, 사물	library 도서관, dictionary 사전	The **library** contains old postal records. 도서관에는 옛 우편 기록이 있다.
-ium	장소, 공간	auditorium 강당, aquarium 수족관, stadium 경기장	The **auditorium** hosted the insurance seminar. 강당에서 보험 세미나가 열렸다.
-ery	장소, 집합, 추상	bakery 빵집, bribery 뇌물수수, machinery 기계류	The **bakery** is near the main post office. 빵집은 우체국 근처에 있다.
-ry	집합, 상태	treasury 국고, jewelry 보석류, machinery 기계류	The **treasury** controls national finances. 재무부(The treasury: 재무부)는 국가 재정을 관리한다.
-let	작은 것	leaflet 전단지, booklet 소책자	Customers received a **leaflet** about new postal fees. 고객들은 새 우편 요금 전단지를 받았다.

Preliminary Study (사전 학습)

접두사	의미	예시 단어	예문과 해석
-ling	작은 것, 친근/경멸	duckling 새끼 오리, underling 부하	The **duckling** followed its mother. 새끼 오리는 어미 오리를 따라갔다.
-age	행위, 결과, 상태	postage 우편 요금, coverage 보장, baggage 수하물	The **postage** must be paid in advance. 우편 요금은 미리 내야 한다.
-al	행위, 과정, 상태	arrival 도착, refusal 거절, approval 승인	His **arrival** was delayed by customs. 그의 도착은 세관 때문에 늦어졌다.
-ance / -ence	상태, 행위, 성질	acceptance 수락, reliance 의존, existence 존재	The bank requires full **acceptance** of its terms. 은행은 조건의 전면 수락을 요구한다.
-cy	상태, 지위	accuracy 정확성, secrecy 비밀성, efficiency 효율성	The clerk checked the **accuracy** of the report. 직원은 보고서의 정확성을 확인했다.
-dom	상태, 영역	freedom 자유, kingdom 왕국, wisdom 지혜	The policy ensured financial **freedom**. 그 정책은 재정적 자유를 보장했다.
-hood	상태, 관계	childhood 어린 시절, brotherhood 형제애, neighborhood 이웃	The **neighborhood** supported postal changes. 이웃들은 우편 제도 개편을 지지했다.
-ism	사상, 신념, 제도	capitalism 자본주의, criticism 비평, realism 현실주의	**Capitalism** influenced postal banking. 자본주의는 우편 금융에 영향을 주었다.
-ity / -ty	성질, 상태	security 안전, ability 능력, prosperity 번영	The **security** of mail is monitored. 우편물의 안전은 감시된다.
-ment	행위, 상태, 결과	agreement 합의, payment 지불, development 발전	The **agreement** was signed by insurers. 그 합의는 보험사들이 서명했다.
-ness	성질, 상태	kindness 친절, awareness 인식, darkness 어둠	The clerk's **kindness** impressed the elderly customer. 직원의 친절은 노인 고객에게 깊은 인상을 주었다.
-ship	상태, 지위, 관계	membership 회원권, leadership 지도력, friendship 우정	His **membership** was renewed. 그의 회원권은 갱신되었다.
-sion / -tion / -xion	행위, 과정, 결과	decision 결정, action 행동, expansion 확장	The **decision** raised postal fees. 그 결정은 우편 요금을 인상했다.
-th	성질, 상태	strength 힘, growth 성장, depth 깊이	The **growth** of e-commerce increased mail traffic. 전자상거래의 성장은 우편 물량을 늘렸다.

접두사	의미	예시 단어	예문과 해석
-ure	행위, 결과, 상태	closure 폐쇄, exposure 노출, failure 실패	The sudden **closure** shocked customers. 갑작스러운 폐쇄는 고객들을 놀라게 했다.
-y	성질, 상태	honesty 정직, jealousy 질투, poverty 빈곤	**Honesty** is vital in financial services. 정직은 금융 서비스에서 필수적이다.

2. [동사]를 만드는 접미사

접두사	의미	예시 단어	예문과 해석
-ize / -ise	~화하다, ~로 만들다	realize 깨닫다, organize 조직하다, modernize 현대화하다	They plan to **organize** a new insurance program. 그들은 새 보험 제도를 조직할 계획이다.
-ate	~하게 하다, ~되다	activate 활성화하다, separate 분리하다, calculate 계산하다	Customers can **activate** their online account. 고객들은 온라인 계좌를 활성화할 수 있다.
-fy	~하게 하다	simplify 단순화하다, clarify 명확히 하다, notify 통보하다	Please **clarify** the postal regulations. 우편 규정을 명확히 해 주십시오.
-en	~하게 하다, ~되다	strengthen 강화하다, widen 넓히다, shorten 줄이다	The company aims to **strengthen** customer trust. 회사는 고객 신뢰를 강화하려 한다.
-le	반복·지속·가볍게 하다	sparkle 반짝이다, tremble 떨다, handle 다루다	He carefully **handled** the fragile parcel. 그는 깨지기 쉬운 소포를 조심스럽게 다루었다.
-er	반복·지속적 움직임	flutter 퍼덕이다, stutter 더듬다, wander 떠돌다	The flag **fluttered** in the wind. 깃발이 바람에 펄럭였다.
-ish	행위 완료·성립·폐지	finish 끝내다, establish 설립하다, abolish 폐지하다	The postal service will **abolish** (폐지하다) outdated rules. 우편 서비스는 구식 규정을 폐지할 예정이다.
-esce	점진적 발생, 시작	coalesce 합쳐지다, effervesce 거품이 일다	Small firms began to **coalesce** into a large group. 작은 회사들이 큰 그룹으로 합쳐지기 시작했다.

Preliminary Study (사전 학습)

3. [형용사]를 만드는 접미사

접두사	의미	예시 단어	예문과 해석
-able / -ible	~할 수 있는	readable 읽을 수 있는, possible 가능한	The file is not **readable** without a password. 비밀번호 없이는 그 파일을 읽을 수 없다.
-al	~의, ~적인	postal 우편의, financial 재정의	The government announced new **financial** policies. 정부는 새로운 재정 정책을 발표했다.
-an / -ian	~의, ~적인	urban 도시의, Russian 러시아의	He studied **urban** development plans. 그는 도시 개발 계획을 연구했다.
-ar	~의, ~적인	lunar 달의, regular 정기적인	The post is delivered on a **regular** basis. 우편은 정기적으로 배달된다.
-ary	~의, ~적인	honorary 명예의, customary 관습적인	It is **customary** to seal envelopes before mailing. 봉투를 붙여 발송하는 것은 관습적이다.
-ate	~하는, ~의 성질의	accurate 정확한, private 개인적인	Please provide **accurate** data in the claim form. 청구서에 정확한 데이터를 기입해 주십시오.
-ed	~한 (특징·상태)	skilled 숙련된, retired 퇴직한	A skilled worker **processed** the application. 숙련된 직원이 신청서를 처리했다.
-en	~으로 된	golden 황금의, wooden 나무의	He bought a **wooden** box. 그는 나무 상자를 샀다.
-ese	~의, ~인의	Chinese 중국의, Japanese 일본의	He ordered **Chinese** stamps. 그는 중국 우표를 주문했다.
-esque	~풍의, ~같은	picturesque 그림 같은, statuesque 조각 같은	The town had a **picturesque** post office. 그 마을에는 그림 같은 우체국이 있었다.
-ful	~이 가득한	helpful 도움이 되는, careful 주의 깊은	She was very **helpful** to the elderly customers. 그녀는 노인 고객들에게 매우 도움이 되었다.
-ic / -ical	~의, ~적인	economic 경제의, historical 역사적인	The museum displayed **historical** letters. 박물관은 역사적인 편지를 전시했다.
-ish	~적인, ~스러운	childish 유치한, selfish 이기적인	His **selfish** act delayed the process. 그의 이기적인 행동이 절차를 지연시켰다.
-ive	~하는 성질의	active 활동적인, productive 생산적인	The team developed a **productive** strategy. 그 팀은 생산적인 전략을 개발했다.
-less	~이 없는	careless 부주의한, homeless 집 없는	He made a **careless** error in the report. 그는 보고서에서 부주의한 실수를 했다.

접두사	의미	예시 단어	예문과 해석
-like	~같은	childlike 어린아이 같은, businesslike 사무적인	She maintained a **businesslike** manner. 그녀는 사무적인 태도를 유지했다.
-ly	~한 성질의	friendly 친절한, costly 비용이 드는	The clerk was very **friendly** to customers. 그 직원은 고객들에게 매우 친절했다.
-ous / -ious / -eous	~이 많은, ~적인	dangerous 위험한, precious 귀중한, courteous 예의 바른	The **precious** documents were sealed. 귀중한 문서가 봉인되었다.
-some	~이 많은, ~을 일으키는	troublesome 성가신, fearsome 무서운	The clerk faced a **troublesome** situation. 그 직원은 성가신 상황에 직면했다.
-y	~이 있는, ~한	rainy 비가 오는, healthy 건강한	The **rainy** season caused delivery delays. 비 오는 계절이 배송 지연을 일으켰다.

4. [부사]를 만드는 접미사

접두사	의미	예시 단어	예문과 해석
-ly	~하게 (가장 흔한 부사화)	quickly 빠르게, carefully 주의 깊게, fluently 유창하게	She spoke **fluently** during the insurance seminar. 그녀는 보험 세미나에서 유창하게 말했다.
-ward / -wards	~쪽으로 (방향)	forward 앞으로, backward 뒤로, eastwards 동쪽으로	The parcel was sent **eastwards**. 소포가 동쪽으로 발송되었다.
-wise	~의 방식으로 / ~와 관련하여	otherwise 그렇지 않으면, likewise 마찬가지로, clockwise 시계 방향으로	Please fill in the form; **otherwise** it cannot be processed. 그렇지 않으면 서류가 처리되지 않는다.
-fold	~배로 (수량)	twofold 두 배로, manifold 다양하게	The demand for registered mail increased **twofold**. 등기 우편 수요가 두 배로 늘었다.
-long	~동안, ~내내 (기간)	lifelong 평생 동안, weeklong 일주일 동안, yearlong 일 년 동안	He joined a **lifelong** savings plan. 그는 평생 저축 계획에 가입했다.
-ways	방향·방식으로	sideways 옆으로, lengthways 길이로, crossways 가로로	The box was placed **sideways** (옆으로) in the storage room. 상자가 창고에 옆으로 놓였다.
-most	가장 ~하게 / 극도로	foremost 가장 중요한, topmost 맨 위의, innermost 가장 안쪽의	Customer safety is the **foremost** concern of the insurance office. 고객 안전은 보험사의 가장 중요한 관심사다.

Contents (목차)

I. Direction & Position (방향 · 위치 · 방향성 접두사) ········· 16

ab / ad   ward   de   di, dis   sub / sup / suc / suf   under   infra   super   sur / su   up   summa   highest   over   tele   hyper   trans, tra   per   dia   circum

II. Motion & Process (이동 · 진행 · 전달) ········· 58

mov / mot / mo / mei   mit / miss   ject   veni / ven   cede / ceed / cess / scend   gress / grad   cur / curs / cours   port   fer   vec / veh   cast   gest   duc / duce / duct   agogos   trac / tra / tri   volv   volum   pass   cid   pend, pens   vers, vert

III. Action & Creation (행위와 창조) ········· 96

ars / art   cap / cept / ceive / cip   take   fac / fic / fect / fy   act / ag   oper   labor   erg   util   use   plic / plec / plo   text   press   strain / strict   sect   tail   cise

IV. Perception & Expression (지각과 사고) ········· 124

spec / spect / spic   vid / vis / view   ops   dict / dic   fess   log / locu / loqu   cite   claim   clar   graph / gram   scrib / script   mem / monu / mnest   note   sign   trembl   terr   tim   phob   sent, sens, senc   pathos   passio   tort   winc, wr

V. Reason & Knowledge (이성과 지식) ········· 156

gno   disc   sci(o)   solv   mono   log   lect / leg / lig   uni   sol   singul   bi–   multi   vari   du / duo   tri   deca   cent   myriad   milli / mille   kilo   numer   count, conter   putare   ratio   part   ampl   augm   cumul   latus   longus   gros / gross   largus   maximus   megalo   magnus   mini   micro   parcula   littl(e)   metr, mens, meas   par   equ   pani / peer   greg / grex   sym / syn   medi   centr   mod / modul   co / con / com / cor   with   inter   littera

VI. Body & Life (신체와 생명) ········· 209

bio   body   corp   viv / vit / vi   nutrire   gyn / gene–   nat– / nai   born   manu / man / main   cap / capit   front / frons / for   ped(i) / pod   cor / card / cord   audi   anim   spirit   spir   tact / teg / tang   vox / voc / vok

VII. Nature & Elements (자연과 원소) ········ 238

terr   aer   aqua   therm   luc   candid   grave   tempor   cycl   circul   phys   chem   techn   machin

VIII. Human & Society (인간과 사회) ········ 249

anthrop   hum   civi   demo   popul   urb   pub / public   pater, patr–   soci   commun   iden   ilc / ilk   habit   here   hosp / host   site, side   abid, abod   custom   cult / culti   phil   ego   self   auto   alter / altr   cura / caus   care   leg   reg / rect   ju / jud / just   crit   deem   norm / nom   odrin / ord   loc   pose / posit   pri / proto   arch   cra   camp

IX. Morality & Value (도덕과 가치) ········ 289

moral   eth / ethic   cred   fid   sanct   testi   bene   amor   eu   favor   grati   mis   fault   mal   vol / volu   fort   potent   firm   vir   soph   preci, pric   val(e)   vail   worth   estim   dignus   undare   vog, woge   flu, fluct   indu   penuria   pauc   pecu   privare   deore   pars, parc   evils

X. Negation & Contrast (부정과 대조) ········ 317

anti   contra / counter   ob / oc   in / im   un / in / im / il   non   pre / pro   post   re   ex   extra / extr / e   out   para   para, pare, pere   ambi   be   en / em

XI. Myth, Symbol & Abstract Concepts (신화와 상징) ········ 363

astr   mira   chrono   geo / ge   psych   mort / mor   figure & character   animal   onym   fame   temple & oracle   pha–   plaus / pleas   prob / prov   puni   puls   clin

XII. Change, Form & Process (변화와 과정) ········ 388

cre   ori–   rise   caus   effect   result   sequ   secut   pel   form   morph   type   able / ible   mut   st / stan / stat   tain / ten / tin   tend / tens / tent   termi   ceas / cess   fine   claud / clos   nove, nova   vaca / van   pele   flex / flec   frag

xiii